Mein bunter Märchenschatz

Beliebte Märchen von den Brüdern Grimm
und Hans Christian Andersen

Ravensburger Buchverlag

Rumpelstilzchen

Es war einmal ein Müller, der war arm, aber er hatte eine schöne Tochter. Nun war es so, dass eines Tages der König an der Mühle vorbeikam, und um bei dem König Eindruck zu machen, prahlte der Müller:
„Ich habe eine Tochter, die kann Stroh zu Gold spinnen."
Der König sagte:
„Das ist eine Kunst, die mir wohlgefällt! Wenn deine Tochter so geschickt ist, wie du sagst, so bring sie morgen in mein Schloss, da will ich sie auf die Probe stellen."
Als man nun das Mädchen zu ihm brachte, führte er es in eine Kammer, die ganz voll Stroh lag, zeigte auf das Spinnrad und sagte:
„Jetzt mach dich an die Arbeit, und wenn du bis morgen Früh

dieses Stroh nicht zu Gold versponnen hast, so musst du sterben."
Darauf schloss er die Kammer selbst zu und sie blieb allein darin. Da saß nun die arme Müllerstochter und wusste um ihr Leben keinen Rat. Sie verstand gar nichts davon, wie man Stroh zu Gold spinnen konnte, und ihre Angst wurde immer größer, bis sie endlich zu weinen anfing.
Da ging auf einmal die Tür auf, und ein kleines Männchen trat herein und sagte:
„Guten Abend, Fräulein Müllerin, warum weint Ihr so sehr?"
„Ach", antwortete das Mädchen, „ich soll Stroh zu Gold spinnen und kann das gar nicht."
Da fragte das Männchen:
„Was gibst du mir, wenn ich es dir spinne?"
„Mein Halsband", sagte das Mädchen.
Das Männchen nahm das Halsband, setzte sich vor das Spinnrad, und schnurr, schnurr, schnurr, dreimal gezogen, war die Spule voll. Dann steckte es eine andere Spule auf, und schnurr, schnurr, schnurr, dreimal gezogen, war auch die zweite voll. Und so ging's fort bis zum Morgen, da war alles Stroh versponnen, und alle Spulen waren voll Gold.

Bei Sonnenaufgang kam schon der König und als er das Gold erblickte, staunte er und freute sich, aber sein Herz wurde nur noch goldgieriger. Er ließ die Müllerstochter in eine andere Kammer voll Stroh bringen, die noch viel größer war, und befahl ihr, das auch in einer Nacht zu spinnen, wenn ihr das Leben lieb wäre.

Das Mädchen wusste sich nicht zu helfen und weinte; da ging abermals die Tür auf und das kleine Männchen erschien und sagte:

„Was gibst du mir, wenn ich dir das Stroh zu Gold spinne?"

„Meinen Ring von dem Finger", antwortete das Mädchen.

Das Männchen nahm den Ring, fing wieder an zu schnurren mit dem Spinnrad und hatte bis zum Morgen alles Stroh zu glänzendem Gold gesponnen. Der König freute sich über alle Maßen bei dem Anblick, hatte aber noch immer nicht genug, sondern ließ die Müllerstochter in eine noch größere Kammer voll Stroh bringen und sagte:

„Das alles musst du noch in dieser Nacht verspinnen. Gelingt es dir aber, sollst du meine Gemahlin werden."

„Wenn's auch nur eine Müllerstochter ist", dachte er, „eine reichere Frau finde ich in der ganzen Welt nicht." Als das Mädchen allein war, kam das Männchen zum dritten Mal wieder und sagte: „Was gibst du mir, wenn ich dir noch einmal das Stroh zu Gold spinne?"

„Ich habe nichts mehr, was ich geben könnte", antwortete das Mädchen.

Da sagte das Männchen: „So versprich mir, wenn du Königin wirst, dein erstes Kind."

„Wer weiß, wie das geht", dachte die Müllerstochter, auch wusste sie sich in der Not nicht anders zu helfen. Sie versprach also dem Männchen, was es verlangte, und das Männchen spann dafür noch einmal das Stroh zu Gold. Und als am Morgen der König kam und alles fand, wie er gewünscht hatte, hielt er Hochzeit mit ihr und die Müllerstochter wurde eine Königin.

Als sie nach einem Jahr ein schönes Kind zur Welt brachte,

dachte sie gar nicht mehr an das Männchen.
Doch da trat es plötzlich in ihre Kammer und sagte:
„Nun gib mir, was du versprochen hast.“
Die Königin erschrak und bot dem Männchen alle Reichtümer des Königreichs an, wenn es ihr das Kind lassen wollte, aber das Männchen sagte:
„Nein, etwas Lebendes ist mir lieber als alle Schätze dieser Welt.“
Da fing die Königin an so zu weinen, dass das Männchen doch Mitleid mit ihr hatte.
„Drei Tage will ich dir Zeit lassen“, sagte es. „Wenn du bis dahin meinen Namen weißt, so sollst du dein Kind behalten.“
Nun versuchte sich die Königin die ganze Nacht hindurch an alle Namen zu erinnern, die sie jemals gehört hatte, und sie schickte einen Boten über Land, der sollte sich überall erkundigen, was es sonst noch für Namen gäbe. Als am andern Tag das Männchen kam, fing sie an mit Kaspar, Melchior, Balthasar und sagte alle Namen, die sie wusste, der Reihe nach her. Aber bei jedem sagte das Männchen:

„So heiß ich nicht.“
Am zweiten Tag ließ sie in der Nachbarschaft herumfragen und sagte dem Männchen die ungewöhnlichsten und seltsamsten Namen vor:
„Heißt du vielleicht Rippenbiest oder Hammelwade oder Schnürbein?“ Aber es antwortete immer:
„So heiß ich nicht.“
Am dritten Tag kam der Bote wieder zurück und erzählte der Königin:
„Neue Namen habe ich keinen einzigen finden können, aber wie ich an einem hohen Berg um die Waldecke kam, wo Fuchs und Has sich gute Nacht sagen, da sah ich ein kleines Haus, und vor dem Haus brannte ein Feuer, und um das Feuer sprang ein gar zu lächerliches Männchen, hüpfte auf einem Bein und schrie:
‚Heute back ich,
morgen brau ich,
übermorgen hol ich
der Königin ihr Kind.
Ach, wie gut, dass niemand weiß,
dass ich Rumpelstilzchen heiß!‘“
Ihr könnt euch denken, wie froh die Königin war, als sie den Namen hörte. Und als bald danach das Männchen hereintrat und fragte:
„Nun, Frau Königin, wie heiß ich?“, fragte sie erst: „Heißt du vielleicht Hinz?“
„Nein.“
„Oder heißt du vielleicht Kunz?“

„Nein."
„Heißt du etwa Rumpelstilzchen?"
„Das hat dir der Teufel gesagt, das hat dir der Teufel gesagt!", schrie das Männchen und stampfte mit dem rechten Fuß vor Zorn so fest auf den Fußboden, dass es bis zum Bauch darin stecken blieb. Dann packte es in seiner Wut den linken Fuß mit beiden Händen und riss sich selbst mitten entzwei.

Gebrüder Grimm

Die Wichtelmänner

Es war einmal ein Schuster ohne seine Schuld so arm geworden, dass er am Ende nur noch Leder für ein einziges Paar Schuhe hatte. Das schnitt er abends zu für den nächsten Tag, und weil er ein gutes Gewissen hatte, legte er sich danach zu Bett, befahl sich Gott und schlief ein. Morgens aber, nachdem er sein Gebet verrichtet hatte und sich zur Arbeit setzen wollte, da standen die beiden Schuhe ganz fertig auf seinem Tisch. Der Schuster wusste vor Verwunderung nicht, was er dazu sagen sollte.
Als er die Schuhe näher betrachtete, waren sie auch so sauber gearbeitet, dass kein Stich daran falsch war. Gerade als wenn es ein Meisterstück sein sollte.

Und noch am selben Tag trat ein Käufer ein, dem gefielen die Schuhe so gut, dass er mehr als gewöhnlich dafür bezahlte, und der Schuster von dem Geld Leder für zwei Paar Schuhe kaufen konnte.
Er schnitt es abends zu für den nächsten Tag, doch wie er morgens an die Arbeit gehen wollte, brauchte er es nicht. Denn als er aufstand, waren die zwei Paar Schuhe fertig, und es blieben auch nicht die Käufer aus, die ihm so viel Geld gaben, dass er für vier Paar Schuhe Leder kaufen konnte.
Das schnitt er abends wieder zu und fand am Morgen die Schuhe fertig und so ging's immer fort.

Was er abends zuschnitt, das war am Morgen verarbeitet, und bald war er wieder ein wohlhabender Mann mit einem ehrlichen Auskommen. Nun geschah es eines Abends, nicht lange vor Weihnachten, dass der Schuster zu seiner Frau sagte: „Wie wär's, wenn wir heute Nacht aufblieben, um zu sehen, wer uns so hilfreich zur Hand geht?" Die Frau war einverstanden und steckte ein Licht an, dann verbargen sie sich in den Stubenecken hinter den Kleidern, die da aufgehängt waren, und gaben Acht.

Als es Mitternacht war, kamen zwei niedliche nackte Männlein. Sie setzten sich vor des Schusters Tisch, nahmen das zugeschnittene Leder und begannen, mit ihren kleinen Fingern so geschickt und schnell zu stechen, zu nähen und zu klopfen, dass der Schuster vor Verwunderung die Augen nicht abwenden konnte.
Sie ließen nicht nach, bis alle Schuhe fertig waren und auf dem Tisch standen, und das war lange vor dem Morgen. Dann sprangen sie schnell fort.

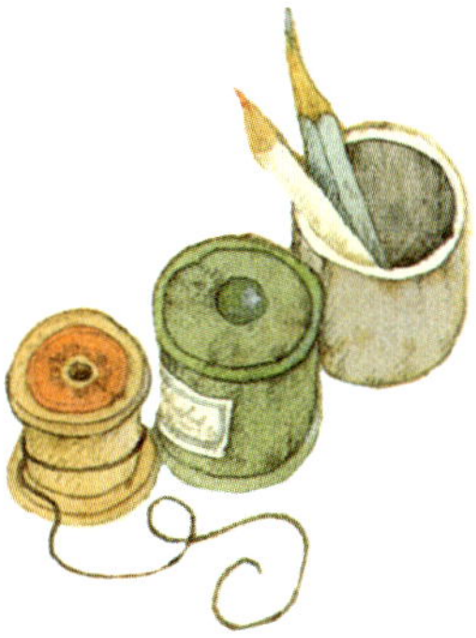

Am andern Tag sagte die Frau: „Die kleinen Männer haben uns reich gemacht, dafür müssen wir dankbar sein. Sie tun mir Leid, dass sie so herumlaufen müssen und nichts am Leib haben und frieren. Weißt du was? Ich will Hemdlein, Rock, Wams und Höslein für sie nähen, auch jedem ein Paar Strümpfe stricken. Mach du jedem ein Paar Schühlein dazu."
Der Mann sagte Ja und war einverstanden. Abends, als sie alles zusammen hatten, legten sie es statt des zugeschnittenen Leders auf den Tisch und versteckten sich dann, weil sie sehen wollten, wie sich die Männlein wohl anstellen würden.

Um Mitternacht kamen die Männlein beide gesprungen und wollten arbeiten.
Als sie aber die Kleider liegen sahen, da freuten sie sich sehr. Mit der größten Geschwindigkeit zogen sie alles an, strichen die schönen Kleider glatt und sangen:
Sind wir nicht Knaben glatt und fein?
Was sollen wir länger Schuster sein!
Dann hüpften und tanzten sie und sprangen über Stühle und Bänke. Und am Ende tanzten sie zur Tür hinaus. Von nun an kamen sie nicht wieder, dem Schuster aber ging es wohl, solange er lebte, und es glückte ihm alles, was er unternahm.

Gebrüder Grimm

Hans im Glück

Hans hatte sieben Jahre bei seinem Herrn gedient, da sagte er zu ihm: „Herr, meine Zeit ist herum, nun wollte ich gerne wieder heim zu meiner Mutter, gebt mir meinen Lohn."
Der Herr antwortete: „Du hast mir treu und ehrlich gedient.

Wie der Dienst war, so soll der Lohn sein." Und er gab ihm ein Stück Gold, das so groß wie Hans' Kopf war.
Hans zog sein Tüchlein aus der Tasche, wickelte den Goldklumpen hinein, nahm ihn auf die Schulter und machte sich auf den Weg nach Hause. Wie er so dahinging, sah er auf einmal einen Reiter frisch auf einem munteren Pferd vorbeitraben.

„Ach“, sagte Hans ganz laut, „was ist das Reiten ein schönes Ding! Da sitzt einer wie auf einem Stuhl, stößt sich an keinem Stein, spart die Schuh und kommt fort, er weiß nicht wie.“
Der Reiter hielt an und rief: „Ei, Hans, warum läufst du auch zu Fuß?“
„Ich muss ja wohl“, antwortete der. „Da habe ich einen Klumpen heimzutragen. Es ist zwar Gold, aber ich kann den Kopf dabei nicht gerade halten, auch drückt mir's auf die Schulter.“

„Weißt du was“, sagte der Reiter, „wir wollen tauschen, ich gebe dir mein Pferd und du gibst mir deinen Klumpen.“
„Von Herzen gern“, entgegnete Hans, „aber ich sage Euch, Ihr müsst Euch damit schleppen.“
Der Reiter stieg ab, nahm das Gold und half dem Hans hinauf, gab ihm die Zügel fest in die Hände und sagte: „Wenn's nun recht geschwind gehen soll, musst du mit der Zunge schnalzen und ‚hopp, hopp‘ rufen.“
Hans war heilfroh, als er auf dem Pferd saß und so herrlich frei dahinritt. Nach einer Weile fiel's ihm ein, es sollte noch schneller gehen, und er fing an, mit der Zunge zu schnalzen und „hopp, hopp“ zu rufen. Das Pferd setzte sich in starken Trab und ehe Hans sich's versah, war er abgeworfen und lag in einem Graben.

Das Pferd wäre bestimmt durchgegangen, wenn es nicht ein Bauer aufgehalten hätte, der des Weges kam und eine Kuh vor sich hertrieb.
Hans rappelte sich wieder auf.
Er war aber verdrießlich und sagte zu dem Bauern:
„Es ist ein schlechter Spaß, das Reiten, zumal wenn man auf so eine Mähre gerät wie diese, ich setze mich nimmermehr wieder darauf. Da lob ich mir Eure Kuh, da kann einer mit Gemächlichkeit hinterhergehen und hat obendrein Milch, Butter und Käse jeden Tag gewiss. Was gäb ich darum, wenn ich so eine Kuh hätte!"

„Nun“, sagte der Bauer, „wenn ich Euch damit einen Gefallen tue, will ich Euch gern die Kuh für das Pferd tauschen.“
Hans willigte mit tausend Freuden ein, der Bauer schwang sich aufs Pferd und ritt eilig davon. Hans trieb seine Kuh ruhig vor sich her und bedachte den glücklichen Handel: „Hab ich nur ein Stück Brot, und daran wird es mir doch nicht fehlen, so kann ich, sooft mir's beliebt, Butter und Käse dazu essen; hab ich Durst, so melk ich meine Kuh und trinke Milch. Herz, was verlangst du mehr?“ Als er zu einem Wirtshaus kam, machte er Halt, aß in der großen Freude alles, was er bei sich hatte, sein Mittag- und Abendbrot, bis auf den letzten Krümel auf und ließ sich für seine letzten paar Heller ein halbes Glas

Bier einschenken. Dann trieb er seine Kuh weiter, dem Dorf seiner Mutter zu.
Die Hitze wurde immer drückender, je näher der Mittag kam, und Hans befand sich in einer Heide, die überhaupt kein Ende nehmen wollte. Da wurde es ihm ganz heiß, sodass ihm vor Durst die Zunge am Gaumen klebte. „Ich muss etwas trinken“, dachte Hans, „jetzt will ich meine Kuh melken und mich an der Milch laben.“ Er band sie an einen dürren Baum und da er keinen Eimer hatte, stellte er seine Ledermütze unter. Aber wie er sich auch bemühte, es kam kein Tropfen Milch zum Vorschein. Und weil er sich ungeschickt dabei anstellte, gab ihm das ungeduldige Tier mit einem der Hinterfüße einen solchen Schlag vor den Kopf, dass er zu Boden taumelte und sich eine Zeit lang gar nicht besinnen konnte, wo er war. Glücklicherweise kam gerade ein Metzger des Weges, der auf einem Schubkarren ein junges Schwein liegen hatte.
„Was sind das für Streiche!“, rief der und half dem guten Hans auf.

Hans erzählte, was vorgefallen war.
Der Metzger reichte ihm seine Flasche und sagte: „Da trinkt einmal und erholt Euch. Die Kuh will wohl keine Milch geben, das ist ein altes Tier, das höchstens noch zum Ziehen taugt oder zum Schlachten."
„Ei, ei", sagte Hans, „wer hätte das gedacht! Es ist freilich gut, wenn man so ein Tier im Haus abschlachten kann, was gibt das für Fleisch! Aber ich mache mir aus dem Kuhfleisch nicht viel. Ja, wer so ein junges Schwein hätte! Das schmeckt anders und man hat noch die Würste."

„Hört, Hans“, sagte der Metzger, „Euch zuliebe will ich tauschen und will Euch das Schwein für die Kuh lassen.“
„Gott lohn Euch Eure Freundschaft“, sagte Hans, übergab ihm die Kuh, ließ sich das Schweinchen losmachen und den Strick in die Hand geben.
Hans zog weiter und überdachte, wie ihm doch alles nach Wunsch ginge: Begegnete ihm eine Verdrießlichkeit, so wurde sie doch gleich wieder gutgemacht. Es gesellte sich danach ein Bursche zu ihm, der trug eine schöne weiße Gans unter dem Arm. Sie grüßten einander, und Hans fing an, von seinem Glück zu erzählen und wie er immer so vorteilhaft

getauscht hätte. Der Bursche erzählte ihm, dass er die Gans zu einem Kindtaufschmaus brächte. „Hebt einmal“, fuhr er fort und packte sie bei den Flügeln, „wie schwer sie ist, die ist aber auch acht Wochen lang genudelt worden. Wer in den Braten beißt, muss sich das Fett von beiden Seiten abwischen.“
„Ja“, sagte Hans und wog sie mit der einen Hand, „die hat ihr Gewicht, aber ein Schwein ist auch nicht zu verachten.“
Indessen sah sich der Bursche nach allen Seiten ganz bedenklich um und schüttelte den Kopf. „Hört“, fing er darauf an, „mit Eurem Schwein mag es womöglich nicht ganz richtig sein. In dem Dorf, durch das ich gekommen bin, ist eben dem Bürgermeister eins aus dem Stall gestohlen worden. Ich fürchte, Ihr habt es da in der Hand. Sie haben Leute ausgeschickt, und es könnte schlimm ausgehen, wenn sie Euch mit dem Schwein erwischten. Das Geringste ist, dass Ihr ins finstere Loch gesteckt werdet.“
Dem guten Hans wurde angst und bang: „Ach Gott“, sprach er,

„helft mir aus der Not, Ihr wisst hierherum besser Bescheid, nehmt mein Schwein da und lasst mir Eure Gans.“
„Gefährlich ist es schon“, antwortete der Bursche, „aber ich will doch nicht schuld sein, dass Ihr ins Unglück geratet.“ Er nahm also das Seil in die Hand und trieb das Schwein schnell auf einem Seitenweg fort, der gute Hans aber ging seiner Sorgen entledigt

mit der Gans unter dem Arm der Heimat zu. „Wenn ich's recht überlege", sprach er mit sich selbst, „hab ich noch Vorteil bei dem Tausch: erstlich den guten Braten, hernach die Menge von Fett, die heraustraufeln wird, das gibt Gänsefettbrot für ein Vierteljahr, und endlich die schönen, weißen Federn, die lasse ich mir

in mein Kopfkissen stopfen und darauf will ich einschlafen wie ein Kindchen in der Wiege."

Als er durch das letzte Dorf gekommen war, stand da ein Scherenschleifer mit seinem Karren, sein Rad schnurrte und er sang dazu:

Ich schleife die Schere und drehe geschwind
und hänge mein Mäntelchen nach dem Wind.

Hans blieb stehen, sah ihm zu und sagte: „Euch geht's gut, weil Ihr so lustig bei Eurem Schleifen seid."

„Ja", antwortete der Scherenschleifer, „das Handwerk hat einen goldenen Boden. Ein rechter Schleifer findet, sooft er in die Tasche greift, auch Geld darin. Aber wo habt Ihr die schöne Gans gekauft?"

„Die hab ich nicht gekauft, sondern für mein Schwein eingetauscht."

„Und das Schwein?"

„Das hab ich für eine Kuh gekriegt."

„Und die Kuh?"

„Die hab ich für ein Pferd bekommen."

„Und das Pferd?"

„Dafür hab ich einen Klumpen Gold, so groß wie mein Kopf, gegeben."

„Und das Gold?"

„Ei, das war mein Lohn für sieben Jahre Dienst."

„Ihr habt Euch jederzeit zu helfen gewusst", sagte der Schleifer. „Wenn Ihr's nun noch dahin bringt, dass Ihr das Geld in der Tasche springen hört, wenn Ihr aufsteht, so habt Ihr Euer Glück gemacht."

„Wie soll ich das anfangen?", fragte Hans.

„Ihr müsst ein Schleifer werden wie ich; dazu gehört eigentlich nichts als ein Wetzstein, das andere findet sich schon von selbst. Da hab ich einen, der ist zwar ein wenig schadhaft, dafür sollt Ihr mir aber auch weiter nichts als Eure Gans geben. Wollt Ihr das?"

„Wie könnt Ihr noch fragen?", antwortete Hans. „Ich werde ja zum glücklichsten Menschen auf Erden; habe ich Geld, sooft ich in die Tasche greife, was brauche ich mich da länger zu sorgen?"

Er reichte dem Scherenschleifer

die Gans hin und nahm den Wetzstein in Empfang.
„Nun“, sagte der Schleifer und hob einen gewöhnlichen schweren Feldstein auf, „da habt Ihr noch einen tüchtigen Stein dazu, auf dem sich’s gut schlagen lässt und Ihr Eure alten Nägel gerade klopfen könnt. Nehmt ihn auch und hebt ihn gut auf.“ Hans

nahm die Steine und ging mit vergnügtem Herzen weiter; seine Augen leuchteten vor Freude.
„Ich muss in einer Glückshaut geboren sein“, rief er aus, „alles, was ich wünsche, trifft mir ein wie einem Sonntagskind!“
Indessen, weil er seit Tagesanbruch auf den Beinen gewesen war, begann er müde zu werden; auch plagte ihn der Hunger, da er allen Vorrat auf einmal in der Freude über die erhandelte Kuh aufgegessen hatte. Er konnte endlich nur mit Mühe weitergehen und musste jeden Augenblick Halt machen; dabei drückten ihn die Steine ganz erbärmlich. Da konnte er sich des Gedankens nicht erwehren, wie gut es wäre, wenn er sie gerade jetzt nicht zu tragen brauchte.
Wie eine Schnecke kam er zu einem Feldbrunnen geschlichen, wollte da ruhen und sich mit einem Schluck Wasser erfrischen. Damit er aber die Steine im Niedersitzen nicht beschädigte, legte er sie bedächtig neben sich auf den Rand des Brunnens. Dann setzte er sich nieder und wollte sich zum Trinken bücken – und da geschah's: Er stieß ein klein wenig an und beide Steine plumpsten hinab. Hans aber, als er sie mit seinen Augen in die Tiefe hatte versinken sehen, sprang vor Freude auf, kniete nieder und dankte Gott mit Tränen in den Augen, dass er ihm auch diese Gnade noch erwiesen und ihn auf eine so gute Art von den schweren Steinen befreit hätte, die ihm allein noch hinderlich gewesen wären.
„So glücklich wie ich“, rief er aus, „gibt es keinen Menschen unter der Sonne.“
Mit leichtem Herzen und frei von aller Last sprang er nun fort, bis er daheim bei seiner Mutter war.

Gebrüder Grimm

Rotkäppchen

Es war einmal ein kleines Mädchen, das hatte jedermann lieb, der es nur ansah, am allerliebsten aber seine Großmutter. Die wusste gar nicht, was sie dem Kind alles geben sollte. Einmal schenkte sie ihm ein Käppchen von rotem Samt, und weil ihm das so gut stand und es nichts anderes mehr tragen wollte, hieß es nur noch das Rotkäppchen.

Eines Tages sagte die Mutter zu ihm: „Komm, Rotkäppchen, da hast du ein Stück Kuchen und eine Flasche Wein, bring das der Großmutter hinaus. Sie ist krank und schwach, da werden Wein und Kuchen ihr gut tun. Mach dich aber auf, bevor es heiß wird, und wenn du hinauskommst, geh immer hübsch auf dem Weg, sonst fällst du und zerbrichst die Flasche und die Großmutter hat nichts. Und wenn du in ihre Stube kommst, vergiss nicht, Guten Morgen zu sagen, und guck nicht erst in allen Ecken herum."

„Ich will alles gut machen", sagte Rotkäppchen zur Mutter und gab ihr die Hand darauf. Die Großmutter aber wohnte draußen im Wald, eine halbe Stunde vom Dorf entfernt.

Als nun Rotkäppchen in den Wald kam, begegnete ihm der Wolf. Rotkäppchen wusste nicht, was das für ein böses Tier war, und fürchtete sich nicht vor ihm.

„Guten Tag, Rotkäppchen", sagte er.

„Guten Tag, Wolf."

„Wohin so früh, Rotkäppchen?"

„Zur Großmutter."

„Was trägst du denn in deinem Korb?"

„Kuchen und Wein, gestern haben wir gebacken. Damit soll sich die kranke und schwache Großmutter stärken."

„Rotkäppchen, wo wohnt deine Großmutter?"

„Noch eine gute Viertelstunde weiter im Wald, unter den drei großen Eichen, da steht ihr Haus.

Unten sind die Haselnusssträucher, die wirst du ja kennen", sagte Rotkäppchen.
Der Wolf dachte bei sich: „Das junge Ding, das ist ein zarter Bissen, der wird noch besser schmecken als die Alte. Du musst es listig anfangen, dann schnappst du beide."
Er ging ein Weilchen neben Rotkäppchen her, dann sagte er: „Rotkäppchen, sieh einmal die schönen Blumen, die ringsumher stehen. Ich glaube, du hörst gar nicht, wie die Vöglein so lieblich singen? Du gehst ja für dich hin, als wenn du zur Schule gingst, dabei ist es so lustig hier draußen in dem Wald."
Rotkäppchen schaute sich um, und als es sah, wie die Sonnenstrahlen durch die Bäume hin und her tanzten und alles voll schöner Blumen stand, dachte es: „Wenn ich der Großmutter einen frischen Strauß mitbringe, wird sie sich freuen. Es ist so früh am Tag, dass ich noch zur rechten Zeit ankomme."
Dann lief es vom Weg ab in den Wald hinein und suchte Blumen. Und jedes Mal, wenn es eine gepflückt hatte, meinte es, weiter

weg ständen noch schönere, und so geriet es immer tiefer in den Wald hinein.
Der Wolf aber ging geradewegs zu dem Haus der Großmutter und klopfte an die Tür.
„Wer ist draußen?"
„Rotkäppchen, das bringt Kuchen und Wein, mach auf."
„Drück nur auf die Klinke, ich bin zu schwach und kann nicht aufstehen", rief die Großmutter.
Der Wolf drückte auf die Klinke, die Tür sprang auf und er ging,

ohne ein Wort zu sprechen, schnurstracks zum Bett der Großmutter und verschluckte sie. Dann zog er ihre Kleider an, setzte ihre Schlafhaube auf, legte sich in ihr Bett und zog die Vorhänge vor. Rotkäppchen aber war die ganze Zeit nach den Blumen herumgelaufen, und als es so viele zusammen hatte, wie es nur tragen konnte, fiel ihm die Großmutter wieder ein und es machte sich auf den Weg zu ihr. Es wunderte sich, dass die Tür aufstand.

Und wie es in die Stube trat, kam es ihm so seltsam darin vor, dass es dachte:
„Ei, wie ängstlich wird mir's heut zu Mute und ich bin doch sonst so gern bei der Großmutter!"
Es rief: „Guten Morgen", bekam aber keine Antwort. Darauf ging es zum Bett und zog die Vorhänge zurück. Da lag die Großmutter und hatte die Haube tief ins Gesicht gezogen und sah so wunderlich aus.
„Ei, Großmutter, was hast du für große Ohren?", fragte Rotkäppchen.
„Dass ich dich besser hören kann."
„Ei, Großmutter, was hast du für große Augen?"
„Dass ich dich besser sehen kann!"
„Ei, Großmutter, was hast du für große Hände?"
„Dass ich dich besser packen kann!"
„Aber Großmutter, was hast du für ein entsetzlich großes Maul?"
„Dass ich dich besser fressen kann!"
Kaum hatte der Wolf das gesagt, machte er einen Satz und verschlang das arme Rotkäppchen.
Nachdem der Wolf nun seine Gelüste gestillt hatte, legte er sich wieder ins Bett, schlief ein und fing an, laut zu schnarchen.
Da kam eben der Jäger an dem Haus der Großmutter vorbei und dachte:
„Wie die alte Frau schnarcht, du musst doch sehen, ob ihr was fehlt."
Er trat in die Stube und als er vor dem Bett stand, sah er, dass der Wolf darin lag.
„Finde ich dich hier, du alter Sünder", sagte er. „Ich habe dich lange gesucht."
Nun wollte er sein Gewehr anlegen, da fiel ihm ein, der Wolf könnte die Großmutter gefressen haben und sie wäre vielleicht noch zu retten. So schoss er nicht, sondern nahm eine Schere und fing an, dem schlafenden Wolf den Bauch aufzuschneiden. Als er ein paar Schnitte getan hatte, da sah er das rote Käppchen leuchten, und noch ein paar Schnitte, da sprang das Mädchen heraus und rief:
„Ach, wie war's so dunkel in dem Bauch vom Wolf!"

82

Und dann kam die Großmutter auch noch lebendig heraus. Rotkäppchen aber holte geschwind große Steine herbei, damit füllten sie dem Wolf den Bauch.

Und als er aufwachte, wollte er fortspringen, aber die Steine waren so schwer, dass er gleich tot umfiel. Da waren alle drei froh. Der Jäger zog dem Wolf den Pelz ab und ging damit heim.

Die Großmutter aß den Kuchen und trank den Wein, den Rotkäppchen gebracht hatte, und erholte sich wieder.
Rotkäppchen aber dachte:
„Du willst nie wieder allein vom Weg ab in den Wald laufen, wenn dir es die Mutter verboten hat.“

Gebrüder Grimm

Der Däumling

Ein Schneider hatte einen Sohn, der war nicht größer als ein Daumen, darum hieß er auch der Däumling. Er hatte aber Mut und sagte zu seinem Vater:
„Vater, ich soll und muss in die Welt hinaus."
„Recht so, mein Sohn", sagte der Vater und gab ihm eine lange Stopfnadel, die sollte sein Degen sein.
Nun wollte der Däumling noch einmal mitessen und hüpfte in die Küche, um zu sehen, was die Mutter zum Abschied gekocht hatte. Es war eben angerichtet, und die Schüssel stand auf dem Herd. Da sagte der Däumling:
„Frau Mutter, was gibt's heute zu essen?"
„Schau selbst nach", sagte die Mutter.
Da sprang Däumling auf den Herd und guckte in die Schüssel. Weil er aber den Hals zu weit hineinsteckte, packte ihn der Dampf von der Speise und nahm ihn mit zum Schornstein hinaus. Eine Weile ritt er auf dem Dampf in der Luft herum, bis er wieder auf die Erde herabsank.
Nun war der Däumling in der weiten Welt, er zog umher und fand auch bei einem Schneidermeister Arbeit. Aber das Essen war ihm dort nicht gut genug.
„Frau Meisterin, wenn Ihr mir kein besseres Essen gebt", sagte er, „dann gehe ich fort und schreibe morgen Früh mit Kreide an Ihre Haustür: Kartoffel zu viel, Fleisch zu wenig, adieu, Herr Kartoffelkönig."
„Was unterstehst du dich, Grashüpfer?", fragte die Meisterin, ergriff einen Lappen und wollte nach ihm schlagen. Aber der Däumling kroch flink unter einen Fingerhut, guckte drunter hervor und streckte der Frau Meisterin die Zunge heraus.
Sie hob den Fingerhut auf und wollte ihn packen, aber der kleine Däumling hüpfte in die Lappen,

und als die Meisterin ihn zwischen den Lappen suchte, fand sie ihn nicht.
„He, he, Frau Meisterin!“, rief er und streckte den Kopf in die Höhe und als sie zuschlagen wollte, sprang er in die Schublade hinunter. Endlich aber erwischte sie ihn doch und jagte ihn zum Haus hinaus.

Der Däumling wanderte und kam in einen großen Wald. Da begegnete ihm ein Haufen Räuber, die hatten vor, den Schatz des Königs zu stehlen.
Und als sie den Däumling sahen, dachten sie: „So ein kleiner Kerl kann durch jedes Schlüsselloch kriechen."
„Heda!", rief einer. „Du Riese Goliath, willst du mit zur Schatzkammer gehen? Du kannst dich leicht hineinschleichen und das Geld herauswerfen."
Der Däumling überlegte eine Weile, dann sagte er Ja und ging mit zu der Schatzkammer. Da betrachtete er die Tür oben und unten, ob kein Spalt darin wäre, und bald entdeckte er einen, der breit genug für ihn war. Er wollte auch gleich hindurch, aber eine von den beiden Schildwachen, die vor der Tür standen, bemerkte ihn und sagte zu der andern:
„Was kriecht da für eine hässliche Spinne? Ich will sie tottreten."
„Lass das arme Tier gehen", sagte die andere. „Es hat dir ja nichts getan."
So kam der Däumling durch den Spalt glücklich in die Schatzkammer, öffnete das Fenster, unter dem die Räuber standen, und warf ihnen einen Taler nach dem andern hinaus.
Aber wie er mitten dabei war, hörte er den König kommen und verkroch sich schnell.
Der König merkte, dass viele harte Taler fehlten, konnte aber nicht begreifen, wer sie gestohlen haben sollte, da Schlösser und Riegel in gutem Zustand waren und alles wohlverwahrt schien.
Da ging er wieder fort und sagte zu den zwei Wachen:
„Gebt Acht, in der Schatzkammer ist einer versteckt."
Als der Däumling nun wieder Goldstücke aus dem Fenster werfen wollte, hörten ihn die Wachen klimpern. Sie sprangen geschwind hinein und wollten den Dieb ergreifen. Aber der Däumling, der sie kommen hörte, war noch geschwinder, sprang in eine Ecke und deckte einen Taler über sich, sodass nichts von ihm zu sehen war. Dabei neckte er noch die Wachen und rief:
„Hier bin ich!"
Die Wachen liefen hin, aber als sie ankamen, war der Däumling

schon in eine andere Ecke unter einen anderen Taler gehüpft und rief:
„He, hier bin ich!“
Wieder liefen die Wachen hin, aber der Däumling war längst in einer dritten Ecke und rief:
„He, hier bin ich!“
Und so hielt er sie zum Narren, bis sie müde waren und davongingen.
Nun warf der Däumling die Taler nach und nach alle hinaus. Den letzten aber schnellte er mit aller Macht in die Luft, hüpfte dann

selber noch darauf und flog mit ihm zum Fenster hinaus ins Freie. Die Räuber jubelten. „Du bist ein gewaltiger Held“, sagten sie. „Willst du unser Hauptmann werden?“

Aber der Däumling bedankte sich und sagte, er wolle erst die Welt sehen. Sie teilten noch die Beute, und der Däumling verlangte nur einen Kreuzer, weil er nicht mehr tragen konnte. Darauf schnallte er wieder seinen Degen um, sagte den Räubern guten Tag und ging seines Weges.

Er nahm nacheinander bei einigen Meistern Arbeit, aber sie wollte ihm jedes Mal nicht schmecken. Dann verdingte er sich als Hausknecht in einem Gasthof. Die Mägde aber konnten ihn nicht leiden. Denn ohne dass sie ihn sehen konnten, sah er alles, was sie heimlich taten, und verriet der Herrschaft, was sie sich von Tellern genommen und aus dem Keller geholt hatten.

Da sagten sie eines Tages: „Warte, wir wollen dir's zeigen!“ Und sie verabredeten untereinander, ihm einen Streich zu spielen. Als die eine Magd bald danach mähte und den Däumling an den Kräutern auf und ab kriechen sah, mähte sie ihn mit dem Gras schnell zusammen, band alles in ein großes Tuch und warf es heimlich den Kühen vor. Eine große, schwarze Kuh schluckte ihn dann mit hinunter und tat ihm nicht einmal weh dabei.

In der Kuh gefiel's ihm aber schlecht, denn es war darin ganz finster und es brannte auch kein Licht. Als die Kuh gemolken wurde, rief er:

„Strip, strap, stroll, ist der Eimer bald voll?“

Aber bei dem Geräusch des Melkens wurde er nicht verstanden. Danach trat der Hausherr in den Stall und sagte: „Morgen soll die Kuh geschlachtet werden.“

Da wurde dem Däumling so angst, dass er mit heller Stimme rief: „Lasst mich erst heraus, ich sitze ja drin!“

Der Herr hörte das wohl, wusste aber nicht, wo die Stimme herkam. „Wo bist du?“, fragte er. „In der schwarzen“, antwortete Däumling. Aber der Herr verstand nicht, was das heißen sollte, und ging fort.

Am anderen Morgen wurde die Kuh geschlachtet und glücklicherweise passierte dem Däumling nichts. Aber er geriet unter das Wurstfleisch.
Als nun der Metzger mit seiner Arbeit anfing, schrie er aus Leibeskräften:
„Hackt nicht zu tief, hackt nicht zu tief, ich stecke ja drunter!"
Doch bei dem Lärm der Hackmesser hörte das kein Mensch. Nun hatte der arme Däumling seine Not, aber die Not macht Beine und da sprang er so geschickt zwischen den Hackmessern hin und her, dass er mit heiler Haut davonkam. Aber entspringen konnte er auch nicht. Es gab keinen anderen Ausweg, er musste sich mit den Speckbrocken in eine Blutwurst hineinstopfen lassen.
Da war das Quartier etwas eng, und dazu wurde er noch in den Schornstein zum Räuchern aufgehängt, wo ihm die Zeit gewaltig lang wurde, bis die Wurst einem Gast vorgesetzt werden sollte.
Als nun die Wirtin die Wurst in Scheiben schnitt, nahm er sich in Acht, dass er den Kopf nicht zu weit vorstreckte, damit ihm nicht etwa der Hals abgeschnitten würde. Dann fand er endlich ein Loch ins Freie und sprang hinaus. In dem Haus aber, wo es ihm so übel ergangen war, wollte der Däumling nicht länger bleiben und so begab er sich gleich wieder auf die Wanderschaft.
Doch seine Freiheit dauerte nicht lange. Auf dem offenen Feld kam er einem Fuchs in den Weg, der schnappte ihn einfach auf.
„Ei, Herr Fuchs", rief er, „ich bin's bloß, der Däumling, lasst mich wieder frei!"
„Du hast Recht", antwortete der Fuchs. „An dir hab ich so viel wie nichts. Versprichst du mir die Hühner in deines Vaters Hof, so will ich dich loslassen."
„Von Herzen gern", antwortete der Däumling, „die Hühner sollst du alle haben."
Da ließ ihn der Fuchs wieder los und trug ihn nach Hause. Als der Vater seinen lieben Sohn wiedersah, gab er dem Fuchs gern alle Hühner, die er hatte.
„Dafür bring ich dir auch ein schönes Stück Geld mit", sagte der Däumling und gab ihm den

Kreuzer, den er auf seiner Wanderschaft erworben hatte. „Warum hat aber der Fuchs die armen Piephühner zu fressen gekriegt?"

„Ei, du Narr, deinem Vater wird wohl sein Kind lieber sein als die Hühner auf dem Hof!"

Gebrüder Grimm

Der süße Brei

Es war einmal ein armes Mädchen, das lebte mit seiner Mutter allein und sie hatten nichts mehr zu essen.
Da ging das Kind in den Wald, und dort begegnete ihm eine alte Frau, die wusste schon von seiner Not und schenkte ihm ein Töpfchen, zu dem sollte es nur sagen: „Töpfchen, koch!“, so würde es süßen Hirsebrei kochen.
Und wenn es sagte: „Töpfchen, steh!“, so würde es wieder aufhören zu kochen.
Das Mädchen brachte den Topf seiner Mutter, und nun brauchten sie nicht mehr in Armut zu leben und nie wieder Hunger zu leiden,

und sie aßen süßen Brei, sooft sie wollten.
Eines Tages aber war das Mädchen ausgegangen, da sprach die Mutter:
„Töpfchen, koch!“ Da kocht es, und sie isst sich satt.
Dann will sie, dass das Töpfchen wieder aufhören soll, aber sie weiß das Wort nicht.

Also kocht es fort und der Brei steigt über den Rand hinaus und kocht immerzu, die Küche und das ganze Haus voll und das zweite Haus und dann die Straße, als wollte es die ganze Welt satt machen. Es ist die größte Not,

aber kein Mensch weiß da zu helfen.
Endlich, wie nur noch ein Haus übrig ist, kommt das Kind heim und sagt nur:
„Töpfchen, steh!“
Da hört es auf, zu kochen.
Und wer wieder in die Stadt wollte, der musste sich durchessen.

Gebrüder Grimm

Die Bremer Stadtmusikanten

Es hatte ein Mann einen Esel, der schon lange Jahre die Säcke unverdrossen zur Mühle getragen hatte, dessen Kräfte aber nun zu Ende gingen, sodass er zur Arbeit immer untauglicher wurde. Da überlegte der Mann, wie er ihn loswerden könnte, damit er ihn nicht mehr zu füttern brauchte. Aber der Esel merkte, dass kein guter Wind wehte, lief fort und machte sich auf den Weg nach Bremen. Dort, so meinte er, könnte er ja Stadtmusikant werden.

Als er ein Weilchen fortgegangen war, fand er einen Jagdhund auf dem Weg liegen, der japste wie einer, der sich müde gelaufen hat.
„Na, was japst du so, alter Schaffer?“, fragte der Esel.
„Ach“, sagte der Hund, „weil ich jetzt alt bin und jeden Tag schwächer werde und auch für die Jagd nicht mehr recht tauge, hat mich mein Herr totschlagen wollen.
Da hab ich Reißaus genommen; aber womit soll ich nun mein Brot verdienen?“
„Weißt du was?“, sagte der Esel. „Ich gehe nach Bremen und werde dort Stadtmusikant. Geh mit und mach es wie ich. Ich spiele die Laute und du schlägst die Pauke.“
Der Hund war damit einverstanden und sie gingen weiter.
Es dauerte nicht lange, da saß eine Katze am Weg und machte ein Gesicht wie drei Tage Regenwetter.

„Na, was ist dir in die Quere gekommen, alter Bartputzer?“, fragte der Esel.
„Wer kann da lustig sein, wenn’s einem an den Kragen geht“, antwortete die Katze.
„Weil ich nun in die Jahre komme, meine Zähne stumpf werden und ich lieber hinter dem Ofen sitze als nach Mäusen herumjage, hat mich meine Frau ersäufen wollen. Ich habe mich zwar noch fortgemacht, aber nun ist guter Rat teuer. Wo soll ich hin?“
„Geh mit uns nach Bremen. Du verstehst dich doch auf die Nachtmusik, da kannst du auch ein Stadtmusikant werden.“
Die Katze hielt das für gut und ging mit.

Bald darauf kamen die drei an einem Hof vorbei; da saß auf dem Tor der Haushahn und schrie aus Leibeskräften.
„Du schreist einem ja durch Mark und Bein“, sagte der Esel. „Was hast du vor?“
„Da hab ich gut Wetter prophezeit“, antwortete der Hahn, „und was ist der Dank: Weil morgen zum Sonntag Gäste kommen, hat die Hausfrau der Köchin gesagt, sie wolle mich morgen in der Suppe essen. Und da soll ich mir heut Abend den Kopf abschneiden lassen. Nun schrei ich aus vollem Hals, solang ich noch kann.“
„Ei was, du Rotkopf“, sagte der Esel, „zieh lieber mit uns fort, wir gehen nach Bremen, etwas Besseres als den Tod findest du überall. Du hast eine gute Stimme und wenn wir zusammen musizieren, so muss es ein Ohrenschmaus werden.“
Dem Hahn gefiel das und sie gingen alle vier zusammen fort.
Sie konnten aber die Stadt Bremen an einem Tag nicht erreichen und kamen abends in einen Wald, wo sie übernachten wollten.
Der Esel und der Hund legten sich

unter einen großen Baum, die Katze und der Hahn machten sich in die Äste, der Hahn aber flog bis in die Spitze.

Ehe er einschlief, sah er sich noch einmal in alle vier Himmelsrichtungen um.
Da kam es ihm so vor, als sähe er in der Ferne einen Feuerschein, und er rief seinen Gefährten zu, es müsse nicht weit ein Haus sein, denn es leuchte ein Licht.
„Wenn das so ist“, sagte der Esel, „müssen wir uns aufmachen und noch hingehen; denn hier ist die Herberge schlecht.“
Und der Hund meinte, ein paar Knochen mit etwas Fleisch dran täten ihm auch gut.

Also machten sie sich auf den Weg nach der Gegend, wo das Licht war.
Schon bald sahen sie es heller schimmern und es wurde immer größer, bis sie vor einem hell erleuchteten Räuberhaus standen.
Der Esel, als der Größte, näherte sich dem Fenster und schaute hinein.
„Was siehst du, Grauschimmel?“, fragte der Hahn.
„Was ich sehe?“, antwortete der Esel. „Einen gedeckten Tisch mit schönem Essen und Trinken und Räuber sitzen daran und lassen's sich wohl sein.“
„Das wäre was für uns“, sagte der Hahn.
„Ja – ach, wären wir da!“, sagte der Esel.
Da ratschlagten die Tiere, wie sie es anfangen müssten, um die Räuber hinauszujagen, und am Ende fanden sie wirklich ein Mittel.
Der Esel musste sich mit den Vorderfüßen auf das Fenster stellen, der Hund auf des Esels Rücken springen, die Katze auf den Hund klettern, und endlich flog der Hahn hinauf und setzte sich der Katze auf den Kopf.

Wie das geschehen war, fingen sie auf ein Zeichen alle zusammen an, ihre Musik zu machen: Der Esel schrie, der Hund bellte, die Katze miaute, und der Hahn krähte. Dann stürzten sie durch das Fenster in die Stube hinein, dass die Scheiben klirrten. Die Räuber fuhren bei dem entsetzlichen Geschrei in die Höhe, meinten, ein leibhaftiges Gespenst käme herein, und flohen in größter Furcht.
Nun setzten sich die vier Gefährten an den Tisch, nahmen mit dem vorlieb, was übrig geblieben war, und aßen, als wenn sie vier Wochen hungern sollten.
Als die vier fertig waren, löschten sie das Licht aus und suchten sich eine Schlafstätte, jeder nach seiner Natur und Bequemlichkeit.
Der Esel legte sich auf den Mist, der Hund hinter die Tür, die Katze auf den Herd bei der warmen Asche und der Hahn setzte sich auf den Hahnenbalken oben auf dem Dach. Und weil sie müde waren, schliefen sie auch bald ein.
Als Mitternacht vorbei war und die Räuber von weitem sahen, dass kein Licht mehr im Haus brannte und alles ruhig schien, sagte der Hauptmann:
„Wir hätten uns doch nicht ins Bockshorn jagen lassen sollen.“
Dann hieß er einen hingehen und das Haus untersuchen. Der Abgeschickte fand alles still,

ging in die Küche, um ein Licht anzuzünden, und weil er die glühenden, feurigen Augen der Katze für Kohlen ansah, hielt er ein Streichholz daran, dass es Feuer fangen sollte. Aber die Katze verstand keinen Spaß, sprang ihm ins Gesicht, spie und kratzte. Da erschrak er gewaltig und wollte zur Hintertür hinaus.

Aber der Hund, der da lag, sprang auf und biss ihn ins Bein. Und als er über den Hof an dem Mist vorbeirannte, gab ihm der Esel noch einen tüchtigen Schlag mit dem Hinterfuß. Der Hahn aber, der von dem Lärm aus dem Schlaf geweckt und munter geworden war, rief vom Balken herab: „Kikeriki!"

Da lief der Räuber, was er konnte, zu seinem Hauptmann zurück und sagte:
„Ach, in dem Haus sitzt eine gräuliche Hexe, die hat mich angehaucht und mir mit ihren langen Fingern das Gesicht zerkratzt. Und vor der Tür steht ein Mann mit einem Messer, der hat mich ins Bein gestochen. Und auf dem Hof liegt ein schwarzes Ungetüm, das hat mit einer Holzkeule auf mich losgeschlagen. Und oben auf dem Dach, da sitzt der Richter, der rief: Bringt mir den Kerl!‘
Da machte ich, dass ich fortkam.“
Von nun an getrauten sich die Räuber nicht wieder in das Haus. Den vier Bremer Musikanten aber gefiel’s so gut darin, dass sie nicht wieder herauswollten.

Gebrüder Grimm

Die Prinzessin auf der Erbse

Es war einmal ein Prinz, der wollte eine Prinzessin heiraten, aber es sollte eine richtige Prinzessin sein. Er reiste um die ganze Welt, um so eine zu finden, aber

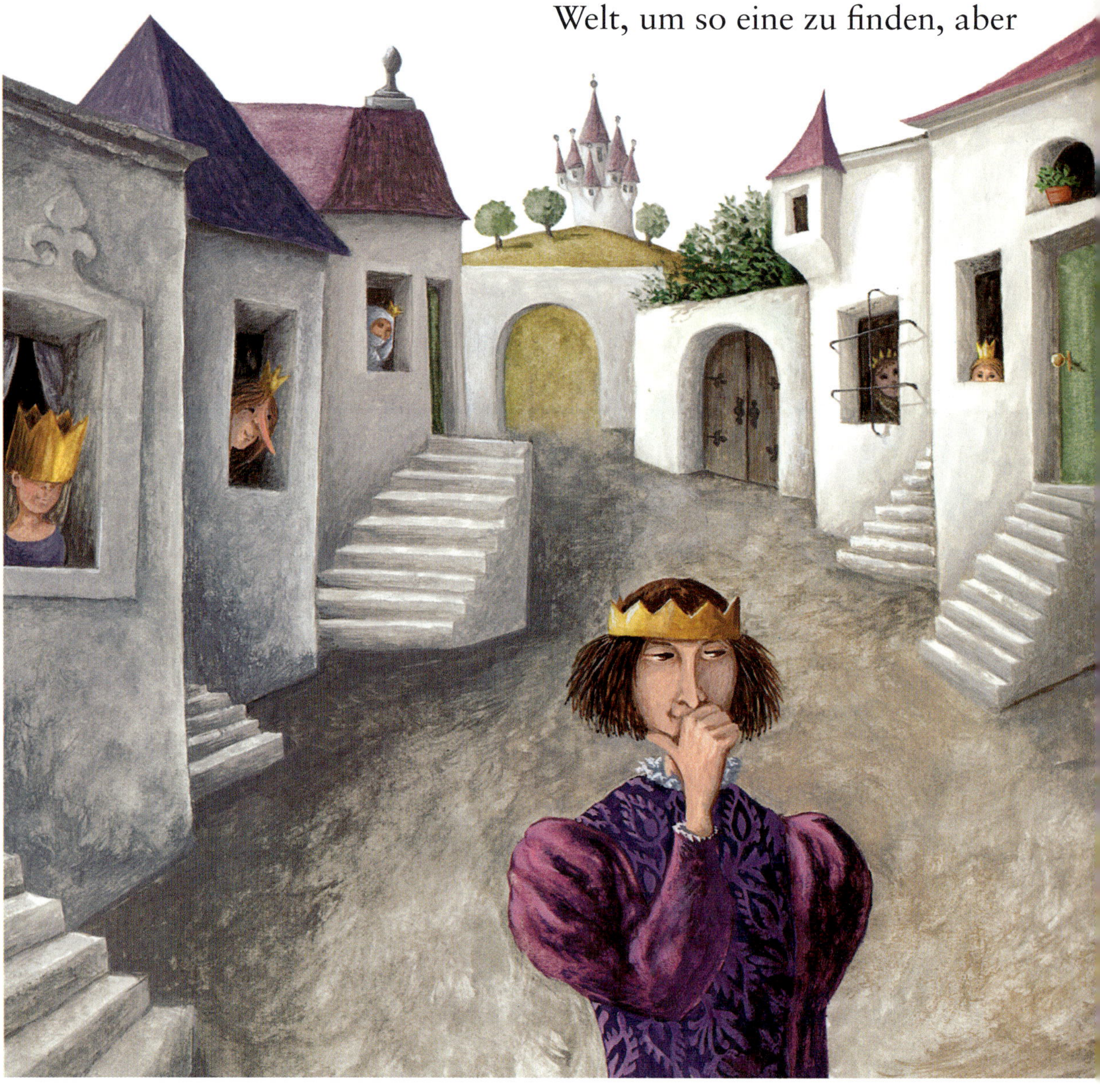

an jeder hatte er etwas auszusetzen.
Prinzessinnen gab es genug; aber ob es richtige Prinzessinnen waren, konnte er nicht herausbekommen. Immer gab es da etwas, was nicht ganz stimmte. So kam er wieder nach Hause und war traurig, denn er wollte so gern eine richtige Prinzessin haben.
Eines Abends zog ein schreckliches Unwetter herauf; es blitzte und donnerte, und der Regen strömte hernieder, es war ganz fürchterlich!
Da klopfte es an das alte Stadttor, und der König ging hin, um zu öffnen.

Draußen vor dem Tor stand eine Prinzessin. Aber, oje, wie sah die von dem Regen und dem Unwetter aus! Das Wasser lief ihr an Haaren und Kleidern herunter, es lief ihr zu den Schuhspitzen hinein und zu den Absätzen wieder heraus. Und trotzdem sagte sie, dass sie eine wirkliche Prinzessin sei.
„Nun, das werden wir schon noch herausbekommen!“, dachte die alte Königin, aber sie sagte nichts.

Sie ging in die Schlafkammer, nahm alles Bettzeug weg und legte eine Erbse auf den Boden des Bettgestells.
Dann nahm sie zwanzig Matratzen, legte sie auf die Erbse und darauf noch einmal zwanzig Federbetten.
Darauf sollte nun die Prinzessin in der Nacht schlafen.
Am Morgen wurde sie gefragt, wie sie geschlafen habe.

„Oh, schrecklich schlecht!“, sagte die Prinzessin. „Ich habe fast die ganze Nacht kein Auge zugetan! Der Himmel weiß, was in dem Bett gewesen ist! Ich habe auf etwas Hartem gelegen, sodass ich am ganzen Körper blaue Flecken habe! Es ist ganz schrecklich!“
Nun wussten sie, dass sie eine richtige Prinzessin war, weil sie durch zwanzig Matratzen und zwanzig Federbetten hindurch die Erbse gespürt hatte. So empfindlich konnte nur eine wirkliche Prinzessin sein.
Da nahm der Prinz sie zur Frau, denn nun wusste er, dass er eine richtige Prinzessin gefunden hatte.
Und die Erbse kam in die Kunstkammer, wo sie heute noch zu

sehen ist, wenn niemand sie
weggenommen hat.
Seht, das war eine wahre
Geschichte!

Hans Christian Andersen

Inhalt

Bibliografische Information Der Deutschen Bibliothek

Die Deutsche Bibliothek verzeichnet diese Publikation in der Deutschen Nationalbibliografie; detaillierte bibliografische Daten sind im Internet über **http://dnb.ddb.de** abrufbar.

Die Schreibweise entspricht den Regeln der neuen Rechtschreibung.

1 2 3 05 04 03

Textbearbeitung: Anu Stohner
Umschlagillustration: Renate Seelig

Printed in Germany

ISBN 3-473-34431-1

www.ravensburger.de